# Михаэль Лайтман

## *Сказка о Добром Волшебнике*

### не только для детей

2012

Знаете ли Вы, почему сказки рассказывают только старики?
Потому что сказка – это самое мудрое в мире!
Ведь все проходит, и только истинные сказки остаются…

*Сказка – это мудрость.*

Чтобы рассказывать сказки, надо очень много знать,
Необходимо видеть то, что не видно другим,
А для этого нужно долго жить.
Поэтому только старики умеют рассказывать сказки.
Как сказано в главной, древней и большой книге волшебств:

*«Старец – это тот, кто обрел мудрость!»*

А дети…
Они очень любят слушать сказки,
Потому что есть у них
Фантазия и ум думать обо всем,
А не только о том, что видят все.
И если ребенок вырос, но все же видит
То, чего не видят другие,
Он знает, что фантазия – это истина!
И остается ребенком, мудрым ребенком,
«Старцем, познавшим мудрость»,
Как сказано в большой древней Волшебной книге.

Жил-был волшебник.
Большой, особенный, красивый и очень-очень добрый...
Но он был один, не было никого,
Кто был бы рядом с ним,
Не было никого, с кем бы мог он играть,
К кому мог обратиться,

Кто бы тоже обратил на него внимание,
С кем бы мог он поделиться всем,
Что есть у него.
Что же делать?..

**Ведь так тоскливо быть одному!**

*Задумался он:* «А что, если создам я камень,
Хотя бы очень маленький, но красивый?
Может, этого будет достаточно мне?
Я буду его гладить и чувствовать,
Что есть кто-то рядом со мной,
И тогда вдвоём нам будет хорошо,
**Ведь так тоскливо быть одному...**»

Сделал он «Чак!» своей волшебной палочкой,

И появился рядом с ним камень,
Точно такой, как задумал.
Гладит он камень, обнимает его,
Но тот никак не отвечает, не двигается,
Даже если ударить камень или погладить его –
Он остается как и был, бесчувственным!
Как же дружить с ним?

**Начал** пробовать волшебник делать еще камни,
Другие и разные,
Скалы и горы, земли и суши,
Земной шар, солнце и луну.
Заполнил камнями всю вселенную –
Но все они как один камень –
Нет от них никакого ответа.
И как прежде, он чувствует,
**Как тоскливо быть одному…**

*Подумал* волшебник:
«Может быть, вместо камня создам я растение –
Допустим, красивый цветок?
Я полью его водой,
Поставлю на воздух, на солнце,
Я буду ухаживать за ним –
Цветок будет радоваться,
И вместе нам будет хорошо,
**Ведь очень тоскливо быть одному…»**

Сделал он "Чак!" волшебной палочкой,

И появился перед ним цветок,
Точно такой, как хотел.
Начал он от радости танцевать перед ним,
А цветок не танцует, не кружится,
Почти не чувствует его.

Он реагирует только на то, что волшебник дает ему:
Когда волшебник поливает его – он оживает,
Не поливает – он умирает.
Но как можно так скупо отвечать такому доброму волшебнику,
Который готов отдать все свое сердце!.. Но некому…

*Что же делать?..*
*Ведь так тоскливо быть одному!..*

*Начал* волшебник создавать всякие растения,
Большие и малые, сады и леса, рощи и поля…
Но все они, как одно растение –
Никак не отвечают ему.
И по-прежнему *очень тоскливо быть одному…*

*Думал* волшебник, думал и придумал:
«А если я создам какое-нибудь животное?
Какое именно? – Лучше всего собаку. Да, собаку!

Такую маленькую, весёлую, ласковую.
Я все время буду с ней играть,
Мы пойдем гулять, и моя собачка будет бегать
И впереди, и позади, и вокруг меня.
А когда я буду возвращаться домой, в свой замок,
Так вот, когда я буду возвращаться в наш замок,
Она уже заранее выбежит навстречу мне,

**И так хорошо будет нам вместе,
Ведь так тоскливо быть одному.»**

Сделал он «Чак!» своей волшебной палочкой,

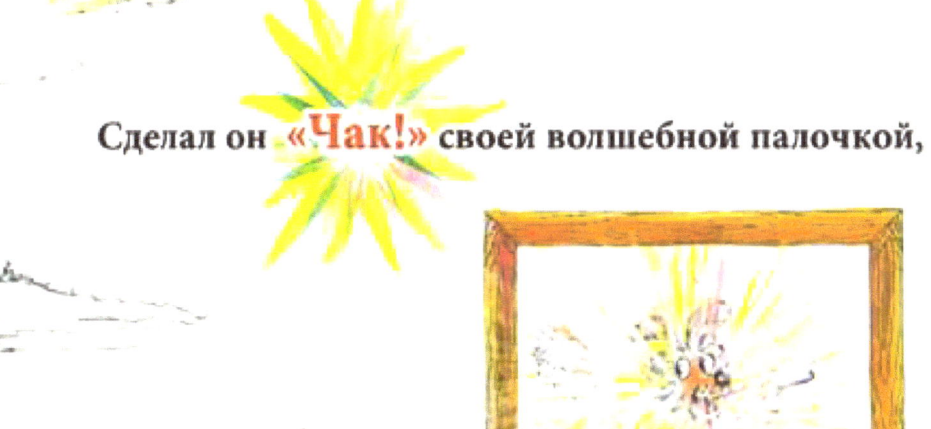

И появилась рядом с ним собачка,
Точно как хотел.
Стал он заботиться о ней,
Давал кушать и пить, обнимал ее,
Мыл и водил гулять –
Все делал для нее...
Но любовь собачья…
Вся она только в том,
Чтобы быть рядом с ним,
Лежать у ног, ходить везде за ним.

**Увидел** волшебник с сожалением,
Что даже собака,
С которой он так хорошо играет,
Все-таки не способна вернуть ему ту любовь,
Которую он дает ей.

Она просто неспособна быть его другом,
Не способна оценить,
Что он делает для нее!
А ведь этого так желает волшебник!

Начал он создавать вокруг себя
Рыб и ящериц, птиц и животных –
Но стало еще хуже:
Никто не понимает его,
И по-прежнему тоскливо ему одному…

*Долго* думал волшебник и понял:
«Настоящим другом может быть только тот,
Кто очень будет нуждаться во мне
И будет искать меня.
Это должен быть кто-то,
Кто сможет жить как я,
Кто все сможет делать как я,
Сможет любить как я,
Понимать как я.
Только тогда он поймет меня!

«*Но* быть как я?.. ммм…
Кто же может быть таким, как я?
Чтобы оценил то, что я даю ему,
Чтобы смог ответить мне тем же,
Ведь и волшебник нуждается в любви.
Кто же может быть таким,
Чтобы вместе нам было хорошо,
**Ведь так тоскливо быть одному!..**»

*Подумал* волшебник:
«Может быть, это человек?
И правда… а вдруг именно он
Сможет стать близким и другом мне,
Сможет быть как я.
Только надо помочь ему в этом.
И тогда уж вместе нам будет хорошо,
**Ведь так тоскливо быть одному!..**

*Но* чтобы вместе было нам хорошо,
Он должен прежде ощутить,
Что значит быть одиноким, без меня,
Ощутить, как я… без него,
**Насколько тоскливо быть одному!..»**

*Снова* сделал волшебник *«Чак!»* –

И появилось далеко от него место,
И в нем – человек…

*Но* человек настолько далек от волшебника,
Что даже не чувствует, что есть волшебник,
Который создал его и все для него:
Камни, растения, животных и птиц,
Дома и горы, поля и леса,
Луну и солнце, дождик и небо,
И еще много чего… весь мир…

Даже футбол и компьютер!
Все это есть у человека...
А вот волшебник так и остался один...
**А как тоскливо быть одному!..**

**А человек...** даже не подозревает,
Что существует волшебник,
Который создал его,
Который любит его,
Который ждет и зовет его:
«Эй, неужели ты не видишь меня?!
Ведь это я... я все тебе дал,
Ну, иди же ко мне!
Вдвоем нам будет так хорошо,
**Ведь тоскливо быть одному!..»**

**Но** как может человек, которому и так хорошо,
У которого есть даже футбол и компьютер,
Который не знаком с волшебником,
Вдруг пожелать найти его,
Познакомиться с ним,
Сблизиться и подружиться с ним,
Полюбить его, быть другом его,
Быть близким ему,
Так же сказать волшебнику:
«Эй!.. Волшебник!..
Иди ко мне.
Вместе будет нам хорошо,
**Ведь тоскливо быть без тебя одному!..»**

***Ведь*** человек знаком лишь с такими, как он.
И только с тем, что находится вокруг,
Знает, что надо быть, как все:
Делать то, что делают все,
Говорить так, как говорят все,
Желать того, чего желают все.
Больших – не злить, красиво просить,
Дома – компьютер, в выходные – футбол

И все, что он хочет, есть у него,
И зачем ему вообще знать,
Что существует волшебник,
**_Которому тоскливо без него?.._**

*Но* волшебник – он добр и мудр,
Наблюдает он незаметно за человеком…

*…И вот* в особый час…
Тихо-тихо, медленно, осторожно

Делает…
«Чак!»
своей палочкой,

И вот уже не может человек
Жить как прежде,
И ни футбол, ни компьютер теперь
Не в радость ему,
И хочет, и ищет он чего-то,
Еще не понимая, что это
Волшебник проник маленькой палочкой
В сердце его, говоря:
«Ну!.. Давай же,
Иди ко мне, вместе будет нам хорошо,
*Ведь теперь и тебе тоскливо быть одному!..*»

*И волшебник* - добрый и мудрый -
Вновь помогает ему:

Еще один только «Чак!» -

И человек уже ощущает,
Что есть где-то волшебный замок,
Полный всяких добрых чудес,
И сам волшебник ждет его там,
**И только вместе будет им хорошо…**

*Но* где этот замок?
Кто укажет мне путь к нему?
Как встретиться с волшебником?
Как найти мне его?

*Постоянно* в его сердце: «Чак!»... «Чак!»,
И уже не может он ни есть и ни спать,
Везде видятся ему замок с волшебником,
И совсем уж не может быть один,
*А вместе будет им так хорошо!*

*Но* чтобы стал человек как волшебник,
Мудрым, добрым, любящим, верным,
Он должен уметь делать все,
Что умеет делать волшебник,
Должен во всем быть похожим на него,
Но для этого «Чак!» уже не годится –
Этому человек должен сам научиться.
*Но как?..*

*Поэтому* волшебник незаметно ... осторожно,
Медленно... нежно
«чак - чак... чак - чак»...
Тихонько ведет человека
К большой древней
Волшебной книге.

А в ней все ответы на все-все,
Весь путь, как все делать,
Чтобы было в конце концов хорошо,
*Сколько ж можно быть одному...*

И человек торопится быстро-быстро
Пробраться в замок, встретиться с волшебником,
Встретиться с другом,
быть рядом с ним,
Сказать ему: «Ну!..
*Вместе нам будет так хорошо,
Ведь так плохо быть одному...»*

**Но** вокруг замка высокая стена
И строгие стражники на ней,
И чем выше взбирается на стену человек,
Тем грубее отталкивают его,
Тем больнее падает он,
Обессилен и опустошен,

Кричит он волшебнику:
«Где же мудрость твоя,
Зачем мучаешь ты меня,
Зачем же звал ты меня к себе,
Потому что плохо тебе одному?
Зачем сделал ты так,
Что плохо мне без тебя?..»

Но вдруг чувствует: «Ча..ак!» - и снова

Он стремится вперед, вверх по стене.
Обойти стражников, взобраться на стену,
Ворваться в закрытые ворота замка,
**Найти своего волшебника...**

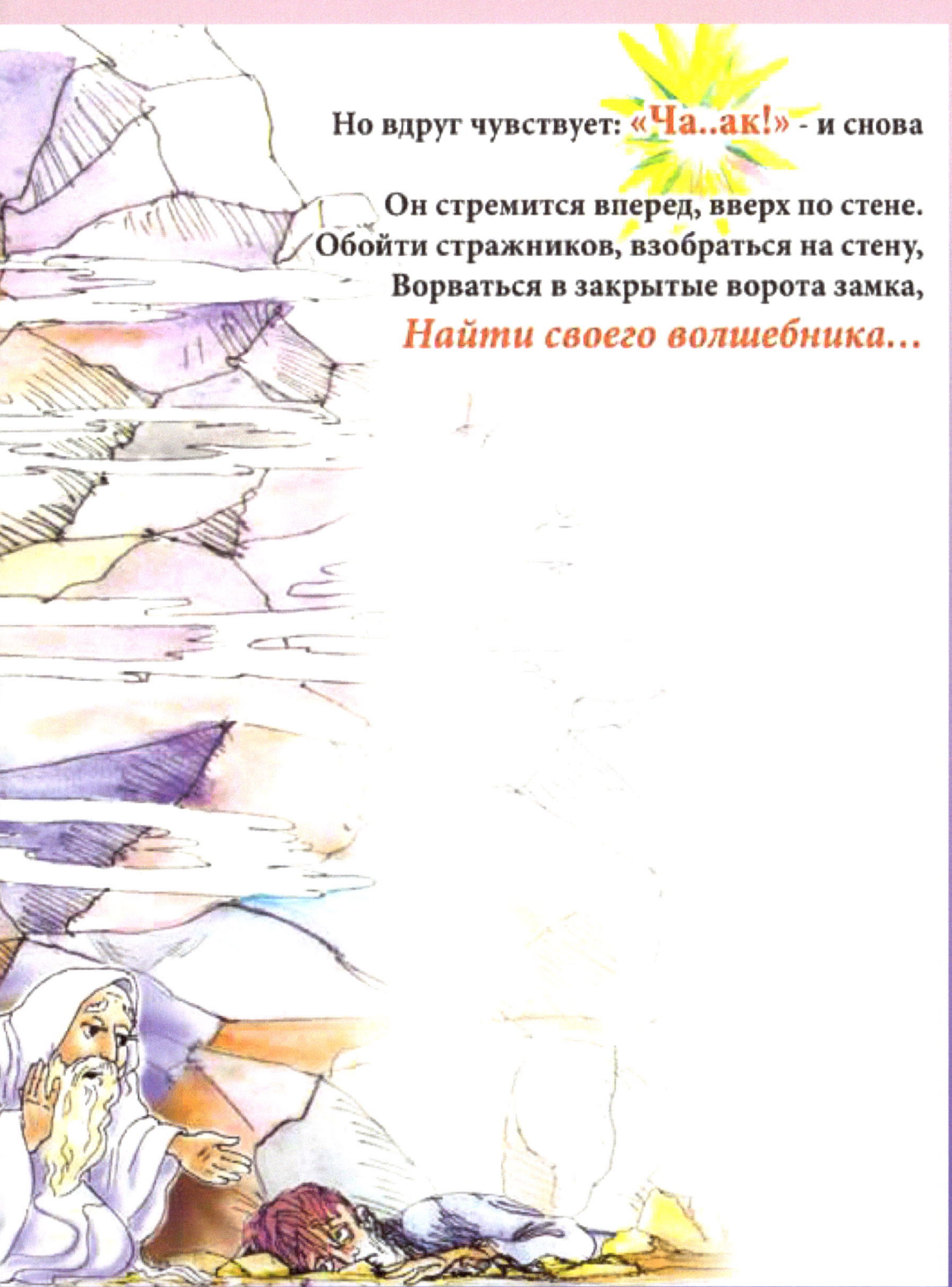

*И* от всех ударов и неудач
Обретает он силу, упорство,
Мудрость.
Вдруг из разочарования растет желание…
Он учится сам делать все чудеса,
Которые делает волшебник,
Он сам учится создавать то,
Что мог только волшебник!

*Из* глубин неудач растет любовь,
И желает он больше всего - одного:
Быть с волшебником, видеть его,
Все отдать ему, ничего не прося взамен.
Ведь только тогда будет ему хорошо.
*И совсем невозможно быть одному!..*

И когда уже вовсе не может без него,
Открываются сами большие врата,
И из замка навстречу ему
Спешит волшебник, говоря:
«Ну! Где же ты был! Иди ко мне!
Как нам будет теперь хорошо,
Ведь мы оба знаем, как плохо,
**Как тоскливо быть одному!»**

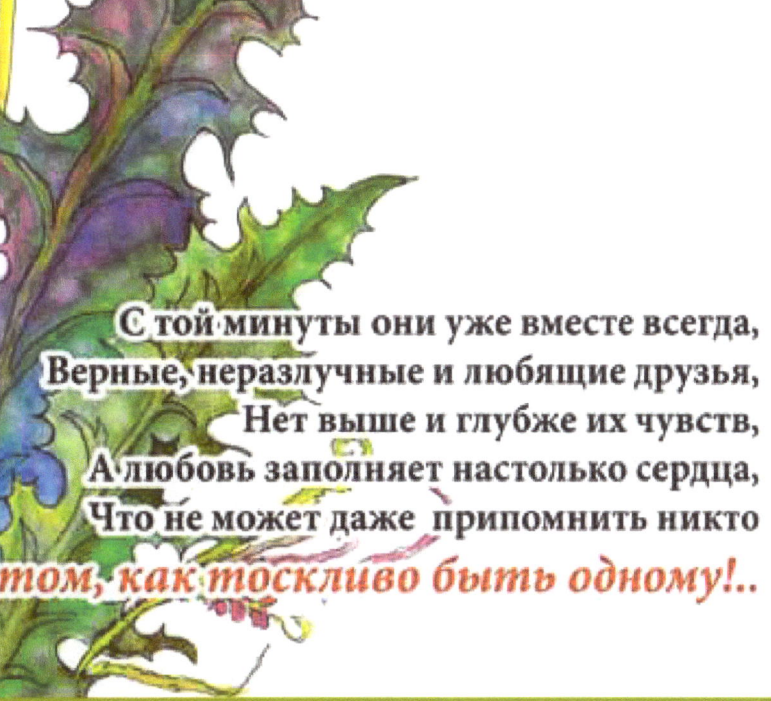

С той минуты они уже вместе всегда,
Верные, неразлучные и любящие друзья,
Нет выше и глубже их чувств,
А любовь заполняет настолько сердца,
Что не может даже припомнить никто
*О том, как тоскливо быть одному!..*

Михаэль Лайтман

СКАЗКА О ДОБРОМ ВОЛШЕБНИКЕ

© Некоммерческий фонд «Институт перспективных исследований», 2024
ISBN 978-5-91072-049-1

Подписано в печать 2024. Формат 70х90/16. Усл. печ. л. 2. Тираж 1000 экз.
Заказ № 1396.

Отпечатано с готовых файлов заказчика
в ОАО «Рыбинский Дом печати»
152901, г. Рыбинск, ул. Чкалова, 8

www.ingramcontent.com/pod-product-compliance
Lightning Source LLC
LaVergne TN
LVHW070452080526
838202LV00035B/2807